# LE HÉROS

## DE

## NANTES

### RÉFUGIÉ EN SARDAIGNE,

## AVIS DE L'IMPRIMEUR.

L'auteur de cet ouvrage se propose de donner au public d'autres fruits de ses veilles, notamment :

2. A l'Aimable Adolescence, ouvrage en deux parties.

3. Anonyme.

4. L'Amoureux Philosophe.

5. Vacance d'Adéodat.

6. Aveu à Philose.

7. Histoire de l'Amant de Lucile.

# LE HÉROS

## DE

## NANTES

### RÉFUGIÉ EN SARDAIGNE,

Par Claude-Etienne-Salignac

## FÉNÉLON,

Auteur de la Réponse au Confident d'un grand Prince, du Rustre et du Citadin, tels que je les vois, et autres ouvrages.

## A PARIS,

Au Cabinet de Lecture, rue Jean-Robert N. 26, près la rue St.-Martin.
Et chez PIGOREAU, Libraire, Place Saint-Germain-l'Auxerrois.

AN 1808.

# DEDICACE.

Je t'adresse, ma chère Philose, ce petit ouvrage qui, comme tu le désires, n'est qu'un tissu vrai d'évènemens et d'histoires. J'ai, autant qu'il m'a été possible, abrégé mes narrations pour apprendre, à ton aimable élève, qu'il faut-être concis crainte d'ennuyer le lecteur ou les personnes qui nous écoutent. La morale, j'ose espérer, sera conforme à tes principes. Puissent les progrès de ton cher nourisson mettre le comble à ta félicité!

# LE HÉROS

## DE

## NANTES

### RÉFUGIÉ EN SARDAIGNE.

Je me dispenserai, mon cher *Adéodat*, de te dire si mon héros est normand ou breton : je dois seulement t'apprendre que l'année de sa naissance on vit monter sur le trône le plus généreux, mais le plus malheureux des princes. Guidé par le désir d'imiter ses ancêtres, mon héros sut préférer l'infortune aux grandeurs acquises par la bassesse et l'injustice.

1

Tantôt persécuté , tantôt recherché, tantôt paisible au sein de l'obscurité ; enfin, culbuté du faîte de l'opulence , on l'a vu, couvert de la livrée de la misère , devenir le jouet de la calomnie et de la perfidie sans se plaindre de la rigueur de son sort. La tranquillité qu'il montrait, même au sein des plus affreux orages, le faisait croire insensible à la peine, lorsque on a eu lieu de se convaincre que la vertu seule le mettait au-dessus des vexations humaines, sans l'empêcher de compâtir aux maux d'autrui. Voici comment : il sut que son persécuteur s'était attiré, par une fausse et odieuse spéculation, la haine de ses concitoyens et la sévérité des lois. Guidé par un sentiment de bienfaisance , mon héros se présenta, sous un nom supposé , chez les personnes qui pouvaient être utiles à son persécuteur qui, pour lui, cessait d'être coupable puis qu'il se trouvait malheureux. Il appaisa les uns en remboursant les sommes extorquées; il gagna les autres par des supplications : enfin, il assoupit l'affaire. Comme les belles actions ne peuvent rester ignorées, son persécuteur sut bientôt à qui il devait l'honneur et la vie. Poussé par le remords , il courut dans les bras de son libérateur lui avouer une partie de son ingratitude en implorant un généreux pardon.

C'est moi, lui dit mon héros, qui doit m'excuser, puisque, jusqu'à ce jour, j'ai été assez malheureux pour vous laisser douter de mon amitié ; maintenant , qu'une confiance mutuelle nous procure un bonheur inaltérable. Dès cet instant , ils n'ont cessé d'être unis par les liens les plus doux.

Mon héros jouissait paisiblement de sa victoire; chaque jour lui procurait le plaisir de corriger celui qui n'était plus son persécuteur; il lui insinuait, pour ainsi dire, goutte à goutte, jusqu'au fond du cœur, la sainte religion qui seule peut retirer de la route de l'erreur; il lui avait dessillé les yeux en lui montrant l'influence de la modération et le précipice de la dépravation; déjà il avait su lui présenter ses égaremens comme le simple souvenir d'un écueil où échouent tous ceux qui ne se contentent pas de ce qu'ils possèdent, lorsqu'il s'en vit privé. Vainement il chercha à deviner le motif de la fuite de celui qu'il ne nommait plus que son vieux ami. Son âme indulgente ne put supposer que, sous la simple dénonciation d'agent d'une puissance ennemie, un magistrat l'eût fait enlever par des hommes déguisés, et l'eût fait enfouir dans un cachot.

Après avoir formé mille conjectures, mon héros se persuada qu'il devait le chercher jusque dans les contrées les plus éloignées. Tu entendras ma voix, se disait-il ; mon cœur sera plus ému si je vais dans les lieux où tu auras passé ; tes pas, appésantis par l'âge, s'imprimeront assez fortement, et je pourrai les reconnaître. O mon ami ! mon vieux ami ! pourquoi t'es-tu soustrait à mes caresses ? T'ai-je fatigué par mes soins ? Depuis trois ans, devenu mon second père ; eh ! tu as pu me quitter sans m'en dire la cause. Tu avais cependant cessé d'être ingrat ; nulle inquiétude ne troublait plus tes esprits ; la sérénité était peinte sur ton front vénérable. O mon ami ! ô mon père ! t'es-tu délivré de la vie ? En

quel lieu as-tu laissé ton corps ?
Pourquoi as-tu oublié que je devais
recevoir ton dernier soupir ? Si tu
existes encore , je te trouverai. Je
sais que tu aimes les endroits sombres, je t'y chercherai : partout où
je passerai, je laisserai des marques
de la douleur que tu me causes. Eh !
s'il arrive que tu puisses en rencontrer une, tu reviendras dans ce lieu
où , si souvent pressé entre mes
bras, tu m'assurais que je suffisais à
ton bonheur.

Après avoir tout disposé pour recevoir son vieux ami en cas qu'il
revînt, mon héros se mit en route.
Il ne se fit suivre de personne. Chargé
d'une gibecière qui contenait du
linge , une flûte douce et différens
outils propres à graver sur la pierre
et sur le bois, il suivit le premier
sentier qui s'offrit à sa vue. Souvent

il s'arrêtait pour jouer les airs connus de son vieux ami, ou pour tra-
cer, sur le sable ou sur l'écorce des
arbres, ses désirs et ses vœux.

Depuis trois mois, sans ralentir
son courage, il éprouvait inutilement la faim, la fatigue et toutes les
injures de l'air, lorsqu'il arriva au
pied d'une montagne couverte de
bois et coupée par des torrens qui
formaient diverses cascades dont
le bruit faisait résonner toute la
contrée. L'enchaînement de plusieurs
vallons, la beauté de quelques prai-
ries ombragées par des hêtres dont
les branches entrelacées les unes dans
les autres formaient des voûtes im-
pénétrables aux rayons du soleil, le
ramage des oiseaux qui, le matin
et le soir, y faisaient un concert
universel, le déterminèrent à s'ar-

réter plusieurs jours, pour y laisser quelques marques de sa douleur.

Un rocher, qui, au bord d'un limpide ruisseau, s'élevait majestueusement au sein de grands peupliers, lui parut propre à son dessein. Il incrusta dans le flanc de ce rocher le buste de son ami qu'il couronna d'une légère guirlande de fleurs.

Pour perfectionner son ouvrage et donner plus d'essor à sa tendresse, il se reposait souvent. Ces intervalles étaient employés à jouer sur sa flûte l'air des romances les plus sentimentales. Le son de cet instrument, répété par les échos d'alentour, attirèrent les habitans d'un château voisin. On le surprit finissant à graver ces mots : *O toi qui as su réparer tes fautes ! sage vieillard que je respecte et que j'aime ! si je ne peux encore te presser sur mon cœur, je veux que l'Univers apprenne qu'un retour sur toi-même t'a rendu vertueux.*

Il quittait le ciseau et le marteau pour reprendre la flûte, lorsqu'il se vit saluer par un homme avancé en âge que la femme et la fille avaient accompagné. Comme il était loin de supposer qu'un canton aussi sauvage pût être habité par des personnes dont le maintien et le son de la voix annonçaient la civilité, il fut embarrassé des premières questions qu'on lui fit. Mais, quand il eut entendu ces mots : *Jeune étranger, je vois que l'excès de votre malheur vous a fait écarter :* il sentit qu'il pouvait répondre sans crainte ; ce qu'il fit en disant naïvement le motif qui l'avait arrêté dans ce lieu. L'homme avancé

en âge, ( seigneur du château voisin, ) touché de ce qu'il venait d'entendre, lui dit : « Votre santé exige
du repos. Votre ami, peut-être de
retour dans sa demeure, est impa-
tient de savoir où vous existez ; chez
moi vous le lui apprendrez en ré-
tablissant vos forces. » A cette offre
généreuse, il ne put s'empêcher de
suivre ce sensible seigneur.

Il y avait huit jours qu'il recevait
la plus noble hospitalité, quand arriva
le courier que l'on avait expédié
pour savoir si le vieux ami était
de retour dans sa demeure. Hélas!
ce messager ne rapporta rien de favorable : car, il dit que l'on avait
trouvé une partie d'un cadavre sur
le bord d'un étang qui baignait la
demeure désertée. Cette nouvelle fit
conjecturer à mon héros que son
vieux ami s'était noyé en s'occupant

à pêcher, plaisir auquel il se livrait quelquefois. L'idée de l'avoir abandonné vint augmenter sa peine. O mon ami! s'écria-t-il, pardonne moi si je n'ai pas prévu que tes genoux tremblans tromperaient ton courage: O mon père, c'est donc aujourd'hui que tu m'as été ravi! Il est donc vrai, je ne te verrai plus! je n'embrasserai plus tes cheveux blancs! je ne soutiendrai plus ton bras! je ne t'accompagnerai plus aux coins des taillis pour guetter les lièvres et les lapins! Tu as donc quitté celui que tu nommais ton bâton de vieillesse! O mon ami! à quel prix m'apprends-tu qu'il ne faut jamais se séparer de ce que l'on aime?

Consumé par d'inutiles regrets, il se trouvait incertain s'il retournerait dans les lieux où il avait si souvent caressé son ami, ou s'il devait les fuir pour vivre en hermite au sein de quelques vastes foréts. lorsqu'un instant décida de son sort. Il avait choisi, pour se livrer à ses reflexions, le plus sombre des berceaux de verdure qui ornaient le jardin du seigneur chez lequel il était. Près de-là se trouvait une grotte tapissée de mousse. Cette grotte servait de cabinet de lecture à Eulalie, fille unique de ce seigneur. Cette jeune personne de dix-sept ans s'aperçut un jour que, poussant de profonds soupirs, il faisait de vains efforts pour se lever du banc sur lequel il était assis. Elle court lui offrir une main secourable. Mon héros, surpris d'entendre une bouche charmante prononcer ces mots : *Vous souffrez, monsieur Achille* : éprouva une sensation qui lui était inconnue. Cette première impression fit de rapides progrès sur son cœur. Bientôt sa douleur fut modérée par l'influence d'un amour naissant. La bonne Eulalie seule ignorait la cause d'un changement inespéré. Le seigneur et son épouse, charmés d'avoir mon héros pour gendre, lui permirent de déclarer ses sentimens d'amour à celle qui les lui avait inspiré. Avec quelle modestie Eulalie reçut cet aveu ! Avec quelle grâce son front se colora d'une noble pudeur en cherchant dans les yeux de sa mère si elle devait le recevoir !

Devenu amant, mon héros pria son amie de lui aider à élever, entre la grotte et le berceau dont j'ai parlé, un tombeau de gazon. Là, lui dit-il, au déclin de chaque jour, nous irons respirer la fraîcheur du soir et unir le regret à la tendresse. Charmés de cette proposition, le père et la mère d'Eulalie fixèrent le tems de l'hymen à l'époque où le mausolée serait achevé. L'amour ayant mis la main à l'œuvre, l'instant fortuné ne tarda point à couronner les ardens désirs de nos vertueux amans.

Chéri d'une femme accomplie, aimé et respecté de vénérables parens, mon héros admirait la providence qui, dans le moment le plus inattendu, console ceux qui n'obéissent qu'aux douces lois de la nature. Il déplorait le sort de l'homme maîtrisé par l'ambition et par l'emportement. Il ne sent pas, disait-il, en détachant des arbres le fruit qu'il destinait à son Eulalie, cette satisfaction que l'on éprouve jusqu'au sein de la peine; pour lui, il n'y a point de calme; le moindre revers l'accable ou le met en fureur; jamais il ne sait ce qu'il fait ni ce qu'il veut faire; rongé par

mille inquiétudes, il ne peut appré-
cier les qualités de ceux avec les-
quels il habite ; ne s'attachant qu'à
l'extérieur, son bonheur est passager ;
la fleur qui le matin méritait ses
regards, le soir n'en est plus digne
parce qu'elle a perdu sa fraîcheur.
Insensé, s'écriait-il, qui ne voit pas
que si le calice des simples se ferme,
c'est pour concentrer une liqueur
qui peut lui rendre la santé et la
vie.

Ces réflexions le portaient à se
dire : le ciel, en me rendant patient,
me fraya le chemin de la félicité :
car je me souviens que, dans les ins-
tans où j'étais le jouet de la plus
odieuse des intrigues, je sentais que
l'impatience n'aurait fait qu'aigrir et
prolonger mes maux. Semblable à
celui qui s'apperçoit qu'en frottant
sa plaie il l'envenime au lieu de la

guérir, j'ai mis mon espoir en Dieu avec plus de confiance qu'un malade met le sien dans les soins d'un habile médecin. Je savais que l'on me faisait souffrir injustement; cette idée me consolait.

Considérant la vie comme une mer continuellement agitée par des vents furieux, je laissai les flots me pousser à leur gré, et je n'envisageai que l'éternité. Contre mon attente, j'ai relâché sur des côtes agréables. Je viens d'aborder dans une île fortunée où je me suis fait roi et sujet. O mon Dieu! si, pour me rendre digne d'un tel bonheur, tu m'exposes encore à quelques nouvelles épreuves, fais qu'elles soient ignorées de ma chère Eulalie !

Trop tendre époux pour ne pas chercher à prévenir tout ce qui au-

rait

rait pu nuire à la tranquillité de son amie, il observa à ses vénérables parens qu'il craignait que leur proximité de l'Ouest les forçât à prendre une part active aux troubles qui commençaient à agiter cette partie de la France. Cette observation était sage; mais la coutume d'habiter un même lieu empêcha qu'elle fût goûtée. Il fallut, comme c'est l'ordinaire, que l'expérience vînt à l'appui du raisonnement, pour déterminer ces vieilles bonnes gens à quitter leur antique demeure.

Comme il arrive toujours que les personnes qui obéissent plutôt à la peur qu'à la raison se pressent sans avancer, cette respectable famille se trouva surprise au milieu de ses préparatifs de départ. Il lui fallut profiter de la faveur de la nuit pour déserter l'asile où, à l'instar de ses ancêtres, elle avait coulé des jours de paix.

Les deux vieillards, soutenus par mon héros et la belle Eulalie, franchirent la terrasse du jardin dans lequel ils s'étaient vus tant de fois occupés à cultiver des fleurs. O soupirs! ô regrets vous fûtes superflus! Il fallut gravir des rochers, traverser des torrens et chercher son salut dans la fuite. Accablés par le poids des années, ils se trouvèrent bientôt fatigués. Contraints à se reposer, hélas! quelle fut leur douleur, lorsqu'en s'asseyant sur le tronc d'un vieux chêne nouvellement abattu, ils virent la campagne éclairée par les flammes qui dévoraient leur donjon. L'aspect du feuillage qui, de toutes parts, offrait une noire verdure; les cris effroyables des incendiaires qui, semblables à un fleuve

sorti soudainement de son lit, détrui-
saient en mugissant tout ce qu'ils ren-
contraient; le bruit de plusieurs échos,
tout en un mot les saisit d'une sombre horreur, et ils tombèrent immo-
biles dans les bras de mon héros.

La bonne Eulalie, dans ce moment affreux, serrant tendrement les
mains des auteurs de ses jours, leur
dit : trop sensibles vieillards ! amis si
justement vénérés, rassurez-vous !
Dieu ne vous abandonnera pas. Si le
feu détruit ce manoir pour vous
plein de charmes, c'est pour vous
prouver que, sous un plus humble
toît, l'on peut jouir du bonheur.

Venez ! éloignons-nous et cher-
chons quelque sombre réduit à l'abri
de cette tempête dont la violence
doit faire espérer qu'elle sera de
courte durée ! Cette voix, toujours

si touchante, produisît l'effet que l'on en devait attendre, et l'on conti-nua à fuir.

Marchant sans suivre de route certaine, notre famille fugitive se trouva à la pointe du jour entourée de paysans armés. La tenue de cette nouvelle milice n'était point faite pour rassurer. Sans chef et sans or-dre, on l'eut prise plutôt pour une bande de brigands que pour d'hon-nêtes cultivateurs obligés à quitter leurs charrues pour défendre une religion mal entendue contre des gens enthousiasmés d'une fausse liberté.

Reconnus de plusieurs de ces rus-tiques guerriers, mon héros et son beau-père reçurent un bon accueil. On les sollicita d'accepter le com-mandement. Nous vous obéirons avec plaisir, leur dit le plus éloquent de la troupe guerrière ; nous fournirons aux dépenses que vous jugerez nécessaires. Ceux qui nous ont mis les armes à la main nous sont étrangers. (1) Élevés avec vous, nous sommes sûrs que vous nous traiterez en père et en amis ; mourans sous vos ordres, nous perdrons la vie avec moins de regret.

Cet entier abandon, tout flatteur qu'il était, ne put porter à l'ambition des cœurs amis de la paix. Il fut facile au vieillard, en représentant son âge, de refuser l'offre que l'on venait de lui faire; mais le mari d'Eulalie, jeune, grand, bienfait ; en un mot, tel qu'*Homère* désirait des hé-

--------

(1) Les premiers chefs de partisans étaient des provinces éloignées de l'Ouest de la France.

ros , ne put alléguer que les égards
filials. Cette raison trop faible pour
une multitude qui sentait le besoin
d'être gouvernée ne put être reçue.
Il fallut donc se mettre à la tête de ces
braves campagnards.

Avant de faire le dénombrement
de sa petite armée, mon héros conduisît son beau-père, sa belle-mère
et sa chère Eulalie dans une chaumière cachée par un bois presqu'im-
pénétrable. Là, il leur parla ainsi :
toute mon ambition, vous le savez,
est de pouvoir vous rendre heureux.
Jusqu'ici vous avez eu la bonté de
me faire appercevoir que mes vœux
étaient comblés. Puisqu'une des vicissitudes humaines m'oblige à me
séparer de vous, il faut espérer qu'une
prompte réunion nous dédomma-
gera. Si parmi les chefs de l'ennemi,
il s'en trouve quelques-uns partisans

de la paix, je ne doute pas de la voir bientôt régner. Pénétré de vos principes, il n'y aura point de sacrifices que je ne sois susceptible de faire quand il s'agira d'arrêter l'effusion du sang. Ne craignez pas que, par témérité, j'expose ma vie. Je sais qu'il me faudra donner l'exemple; mais je le ferai sans déroger aux règles de la prudence. »

Les larmes d'Eulalie, l'empêchèrent d'en dire davantage. Il serra dans ses bras cette épouse chérie et, la couvrant de baisers, il lui peignit par ses regards tout ce qu'il lui en coûtait à s'éloigner d'elle. Ayant reçu la bénédiction de ses vieux parens, il fut rejoindre ceux qu'il regarda moins comme ses soldats que comme ses camarades.

Ses premiers soins furent d'enré-

gimenter sa petite armée et de pour-
voir au moyen de se procurer des
subsistances. Plusieurs attaques faites
dans l'intention de connaître la force
et les mouvemens de l'ennemi, la
rendirent redoutable. La réputation
du général fut portée avantageuse-
ment à d'autres chefs de partisans.
On désira le voir. Sous le prétexte
de dresser un plan de campagne,
on se réunit au château D****. Là
mon héros représenta qu'il était
nécessaire de nommer un chef supérieur qui, sans gêner les mouvemens
particuliers, empêcherait que la
division vint détruire leur ligue.
Cet avis était sage ; il fut goûté par
deux ou trois personnes raisonnables ;
mais le plus grand nombre, igno-
rans et ambitieux, s'y opposa, en
alléguant des raisons que suggéra la
crainte

crainte d'être subordonnés. Cette opposition fit pressentir à mon héros que les vrais moteurs de la révolte n'avaient pour but qu'un intérêt étranger à celui de la France. Il dissimula cette idée affligeante pour son âme noble et généreuse, et il se promit, en se faisant craindre et estimer de l'ennemi, d'attendre que les circonstances puissent lui dicter la conduite qu'il aurait à tenir. Cependant, avant de quitter cette foule de chefs, il leur tint ce discours :

« Il est inutile, messieurs, de feuilleter l'histoire pour vous prouver les suites funestes et inévitables des guerres entreprises par divers généraux égaux en autorité. Vous savez que l'union fait la force : c'est ce qui me permet de vous demander si plusieurs parties peuvent rester unies sans qu'elles soient retenues par un lien qui les resserre continuellement. Non sans doute, me direz-vous? Par-conséquent, il faut donc, en suivant ce principe, donner notre confiance à l'un de nous pour qu'il soit ce lien si utile dans notre position. La valeur, qui justement ne s'effraye point du nombre, se trouve vaincue si elle s'égare des lois de la raison. Dans notre situation, dis-je, la moindre démarche inconsidérée peut détruire nos projets. Puisque nous n'avons d'autre but que de défendre nos autels et de rétablir sur le trône un des héritiers de *St.-Louis*, une seule personne doit représenter le monarque. Il nous sera assez glorieux d'être ses lieutenans-généraux.

Ne croyez pas, messieurs, que je désire l'honneur de commander en chef. Content de conduire les hommes qui sont sous mon commandement, je crains que les circonstances n'en augmentent le nombre. Mais, ayant sacrifié mon bonheur et mon repos à l'intérêt général, je serais coupable si je ne mettais sous vos yeux la cause de la non-réussite de ceux dont nous voulons imiter les vertus. Ce sol, encore humide du sang de tant d'augustes malheureux, nous présente la source de cette longue persécution parvenue jusqu'à nous. Si les mânes des héros, dont nous foulons chaque jour les cendres aux pieds, pouvaient se faire entendre, ils vous diraient que la discorde fit leur malheur; ils vous apprendraient que la séduction se glisse plus facilement parmi des personnes qui sont libres d'agir selon leurs passions, que parmi celles qui, joint à des considérations particulières, dépendent d'un tout ; enfin, ils vous diraient que si ceux qui les ont vaincus par des voies illicites ne sont plus, leur politique n'a cessé d'être : par conséquent ils vous engageraient à ne point vous séparer sans avoir reconnu pour chef supérieur celui d'entre vous qui sera jugé digne de l'être. »

Cette proposition ne fut pas acceptée. De retour à son armée, mon héros, pour obéir à ses vieux parens et à sa chère Eulalie, consentit qu'ils habitassent une maison plus commode que la rustique chaumière. Hélas ! il ne tarda pas à se repentir de cette complaisance ; car, quelques jours après ce changement de lieu, il reçut un échec à la suite duquel une partie de ses soldats se débandè-

rent, comme cela arrivait ordinairement parmi cette milice (1). L'ennemi, divisée par plusieurs colonnes,
avait entièrement culbuté son aile
gauche et tenait son centre en respect, ce qui le mit dans l'impossibi-
lité de protéger la retraite aux trois
fugitifs. Eulalie et les deux vieillards
tombèrent donc au pouvoir du vainqueur. Eulalie était trop belle pour
ne point en fixer l'attention. Aussi
commença-t-il par lui accorder les
égards qu'elle méritait. Il la fit conduire ainsi que son père et sa mère
dans une des plus agréables maisons
de la ville où il tenait son quartier
général.

---

(1) L'on a vu souvent, après une défaite,
les partisans cacher leurs armes, prendre la
pioche ou la queue de la charrue et travailler
devant l'ennemi.

Comme il arrive toujours que, lorsque nos désirs sont impurs, l'on se livre bientôt à toutes les horreurs de la brutalité, le vainqueur crut pouvoir, près de la vertueuse Eulalie, passer les bornes de la bienséance. Il oublia que le soutien de l'innocence punit la témérité. Dans un moment où elle raccommodait un de ses vêtemens, le vainqueur se précipita sur elle, en lui disant, puisque vous avez été insensible à mes sollicitations, je veux vous contraindre par la force. Cédez à mes désirs, ou c'en est fait de vos jours ! Monstre, lui dit Eulalie, en le regardant avec mépris et fierté, ne crois pas que la crainte de la mort me force à commettre une action indigne de moi ! Apprends que la femme d'Achille descendra au tom-

beau sans avoir connu les remords!
Perce, si tu l'oses, lui dit-elle, en
mettant la main sur son sein, ce cœur
qui aime Dieu et qui chérit son
époux ! » Le vainqueur, troublé
par une contenance fière et par cette
réponse assurée, voulut faire un
effort pour se relever, mais le pied
lui glisse, la chaise sur laquelle
Eulalie était assise se brisa, il tombe
et dans sa chûte les ciseaux avec les-
quels Eulalie travaillait lui ouvrirent
la tempe. En expirant, son dernier
soupir attira quelques militaires qui
étaient moins des gardes que des
agens du crime. Le bruit qu'ils firent,
en voyant leur général étendu et sans
vie, réveilla le père et la mère d'Eulalie qui, dans un appartement voisin, s'étaient assoupis comme ils en
avaient contracté l'habitude après
leur dîner. Ils accourent, et restent

stupéfaits à la vue du cadavre. Leur surprise augmenta encore lorsqu'ils se virent accusés de complicité de l'assassinat dont la vertueuse Eulalie était soupçonnée. Vainement ils voulurent alléguer leur innocence, tous les trois furent garottés et jetés dans une affreuse prison. Pour prolonger et pour augmenter l'horreur de leur supplice, on les conduisît dans le chef-lieu du département. On les fit escorter par la populace et par une foule de militaires qui étaient moins pour les garder que pour les outrager. Le calme de leur conscience les mit au-dessus des injustes tourmens qu'on leur fesait éprouver.

Depuis un mois la commission militaire et les tribunaux ordinaires se disputaient le droit de les juger, lorsque mon héros parvint à savoir où ils étaient et le sort qui les menaçait. Son cœur, toujours si sensible aux malheurs d'autrui, à cette nouvelle, se sentit déchiré. Tout ce qu'il avait éprouvé jusqu'alors ne lui parut qu'une ombre légère au prix de ce qu'il ressentait; cependant, au lieu de s'abandonner à une douleur superflue, il médita un projet digne de son courage. Feignant d'être uniquement occupé de son devoir militaire, il rassembla l'élite de ses troupes, en fit un corps particulier et se rabattit à l'improviste sur *Nantes*, ville où gémissaient ses tendres captifs.

Attaqués sur deux points différens, les habitans et les troupes réglées qui étaient à *Nantes* ne purent soutenir un assaut inattendu. L'on vit, à la pointe du jour du. . . . , la bannière

de mon héros flotter dans la place
publique. Pour lui, dirigeant sa marche sur le Bouffet, il se fit ouvrir
la porte de cette affreuse prison; il en
parcourt avec vîtesse les lieux les
plus sombres, et parvient aux cachots où se trouvaient les trois victimes prêtes à être immolées...

Dieu ! tu sais avec quelle promptitude il fit tourner, sur leurs énormes
gonds, les portes massives qui cé-
laient l'entrée de ces sinistres asiles !
Tu sais aussi, ô mon Dieu, la joie
qu'il éprouva lorsqu'il pût serrer
dans ses bras ceux qui, depuis deux
mois, en étaient séparés! O mon Dieu,
toi qui ne laisses rien d'imparfait, tu
sus mettre le comble à sa félicité en
permettant que les cris de sa tendresse fussent entendus du vieillard
qu'il croyait n'être plus ! Dans l'ins-

tant de calme qui succéda aux transports d'amitié et de reconnaissance, une voix languissante répéta ces mots : *Qui que vous soyez, descendez jusqu'à moi ? Venez délivrer un vieillard qui succombe sous le poids de l'adversité !*

Qu'entends-je, dit mon héros étonné ? Le son de cette voix ne m'est point inconnu ? Avec quelle émotion mon âme me parle en faveur de cet infortuné ? Voyons qui il est ? Et malgré que les momens nous soient précieux, sachons en sacrifier un pour lui rendre la liberté et la vie. En finissant ces mots, il apperçut une trappe que retenait un anneau en fer ; il la lève lui-même et pénètre, par une escalier fort étroit, dans le souterrain où était ce malheureux qu'il reconnaît pour le vieux ami

qu'il croyait noyé. Dans cet état inex-
primable, il n'oublia pas que la fortune est trompeuse. Il fit monter dans
une berline ses quatre amis, les plaça
au centre de sa petite armée, et il sortit de la ville avant que l'ennemi eût
pu l'y surprendre.

Ayant fait respecter la vie et les
propriétés des citadins, mon héros
voulut leur donner une marque de sa
sensibilité et de sa générosité. Comme
il est impossible qu'une ville prise,
malgré la vigoureuse résistance des
habitans, (1) n'ait pas occasionné la
mort à quelques hommes mariés, il
fit publier qu'aussitôt la paix, les
veuves et les orphelins indigens dont

_______________________

(1) Les habitans prirent les armes, plusieurs
furent tués, principalement dans la rue de la
*Casserie*.

les époux et les pères étaient péris
en combattant dans la nuit du.... seraient en droit de lui réclamer une
pension alimentaire. Après cette pu-
blication, il se mit en route pour re-
tourner dans le fond de ses campa-
gnes où il se proposa de garder de
si près ses quatre amis qu'il n'aurait
plus à craindre de s'en voir séparez.

Marchant à l'une des portières de
la berline, il eut le plaisir de voir ses
soldats partager sa joie. Chacun de
ses braves militaires croyait avoir
délivré son père, sa mère, sa femme
et son ami dans ceux de leur général.
Glorieux de leur victoire, ils revin-
rent à pas redoublés dans leurs can-
tons respectifs. Ce n'est pas, se di-
saient-ils les uns aux autres, pour
avoir des habits magnifiques que
nous combattons. Que l'on laisse no-

tre *Achille* parmi nous ; qué l'on nous laisse adorer Dieu tranquillement et manger notre pain noir sous nos rustiques toîts, c'est tout ce que nous demandons. Il faut que les citadins soient bien avides de richesses et d'autorité pour vouloir commander même à nos consciences et pour exiger de nous plus que l'on peut gagner à la sueur de son corps. S'ils ignoraient que la patience est inséparable de la vraie bravoure ? Maintenant nous devons espérer qu'ils rechercheront notre amitié, au lieu d'aigrir nos esprits par leurs actions vexatoires.

Occupés de semblables conversations, ils arrivèrent, le surlendemain de leur départ de *Nantes*, dans leurs anciens cantonnemens. Mon héros, ayant décidé que ses quatre amis ne

quitteraient plus son quartier-géné-
ral, ne pensa qu'à se tenir sur la dé-
fensive. Lorsque son armée fut con-
centrée dans de belles positions, il
chargea la tendre Eulalie de s'occuper des soins qu'exigeaient la santé du
vieux ami. Cette bonne épouse ne né-
gligea rien pour en hâter le rétablis-
sement.

Dans un des momens où mon héros se trouvait avec sa famille assis
près du lit du malade, Eulalie témoi-
gna le désir de savoir l'aventure du
vieux ami, qui la lui raconta ainsi :
« J'étais sorti pour aller au-devant
de mon vertueux Achille, auquel je
dois deux fois la vie, lorsqu'au bout
d'une avenue qui, de notre demeure,
conduisait au grand chemin de *Paris*
à Rennes en Bretagne, je fus accosté
par trois hommes armés qui m'or-

donnèrent de les suivre et qui me firent défense, sous peine de mort, de prononcer un seul mot. J'obéis, persuadé qu'ils me prenaient pour un autre, et qu'aussitôt qu'ils reconnaîtraient leur erreur, ils me rendraient la liberté. Hélas ils ne s'étaient pas trompés ! A un quart de lieue de là, ils me firent monter dans une voiture, et, sans arrêter, je fus conduit à *Nantes*. Là, on m'ordonna de déclarer l'endroit où j'avais caché huit mille fusils anglais, autant d'habits et une forte somme d'argent. Étranger à toutes les questions que l'on me fit, je ne pus qu'assurer que j'étais innocent de l'inculpation portée contre moi. Intéressés à me trouver coupable, pour prouver l'exactitude de leur surveillance, les personnes qui m'interrogèrent me firent jeter dans le cachot d'où notre cher libérateur

libérateur m'a retiré, dans l'espoir
que les souffrances me feraient leur
offrir au moins de l'argent pour ob-
tenir ma liberté : car ils étaient bien
convaincus que j'étais trop ami de
la paix pour être un conspirateur.
Toute faculté de correspondre m'é-
tant ôtée, j'étais déterminé à périr
de misère plutôt que d'adhérer à leurs
cupides désirs. Patiemment j'attendais la mort, lorsque notre invinci-
ble ami m'a rendu à la lumière.

Les premiers froids de l'hiver
avaient forcé l'ennemi à quitter entièrement la campagne. L'inaction
des armées facilita les pourparlers.
Ce fut là que commença l'accomplis-
sement de tout ce que mon héros
avait prédit aux chefs de partisans.
Quelques-uns de ces chefs se laissè-
rent corrompre par des promesses et

2*

par de l'argent; d'autres, guidés par
le désir d'aller à Paris dépenser les
sommes qu'ils avaient acquises par
leur rapine, adhérèrent avec plaisir
à la proposition qu'on leur fit de
former un congrès.

Orgueilleux insensés qui ne pré-
voyaient pas qu'ils payeraient bien
cher la faveur de paraître un instant
de petits potentats !

La ville de P*** vit donc la majeure partie des chefs de partisans
( car les plus sages ne s'y rendirent
pas ) fouler au pied les engagemens
les plus sacrés. Cependant, ces par-
jures entendirent la voix de ceux qui
avaient restés fidèles à leurs sermens.
Ils se défièrent des caresses de *l'ami
de Brutus.* Jusque-là, il n'y avait
rien de désespéré. L'on rentra dans

ses cantonnemens dans l'intention de réparer la faute qu'avait occasionné une démarche inconsidérée. Mais, comme des personnes, qui n'ont pas su de bonne heure se corriger de tout penchant ignoble, s'en trouvent maîtrisées aussitôt qu'on a l'art de réveiller leurs sentimens cupides, il suffit au général républicain de faire accompagner une seconde invitation de quelques présens, pour voir un second congrès auquel les circonstances firent assister ceux qui s'étaient refusés de se rendre au premier. Mon héros seul n'y parût qu'en qualité de subordonné, car, du moment qu'il s'apperçut que la mésintelligence régnait parmi les personnes de son parti, il vit bien qu'il lui faudrait suivre le torrent. Pour prévenir les reproches, il proposa au chef, le plus près voisin de son armée, de réunir

troupes, en lui cédant le premier rang d'autorité. Il est si peu
d'hommes assez dénués d'amour-propre pour se rendre justice, qu'il ne
faut pas s'étonner si cette proposition
fut acceptée.

Devenu en second, mon héros ne
put s'empêcher de suivre son général
à l'ordre qu'il en reçût. N'ayant que
voix de conseil, il ne prit aucune
part au traité; seulement il profita de
l'article qui lui permettait de partager le fruit de ses épargnes entre les
malheureux qui avaient été blessés
sous son commandement.

Avant de redevenir simple particulier, mon héros exhorta ses troupes
à l'obéissance, et il présuma avec
raison que, restant en France, il fi-
nirait par être inquiété. Il se hâta

donc d'assurer sa tranquillité et celle de ses quatre amis. Devenu à si juste titre l'âme de sa famille, il lui fut facile de l'engager à vendre leurs propriétés. Chargé de les réaliser en porte-feuille, il n'oublia pas l'offre qu'il avait faite aux veuves et aux orphelins dont j'ai parlé. Six s'étaient présentés. Il obligea l'acquéreur de ses biens à payer 300 liv. de rentes viagère à chacun de ces malheureux. Il se disposa ensuite à quitter sa chère patrie, sans savoir précisément celle qu'il devait habiter. Originaire du *Canada*, il aurait été s'y fixer, si, premièrement, il n'eût craint que la rigueur du climat ne se fût trouvé contraire à la santé de ses vieux amis; secondement, si le fils, que sa chère Eulalie, avait depuis peu, mis au monde, eût pu soutenir un si long voyage. Le peuple de cette contrée, se disait-il, est encore neuf, parconséquent l'on peut facilement y trouver des personnes vertueuses. Cette considération doit être la première, lorsque l'on se détermine à déserter les lieux qui nous ont vu naître. La température de la Martinique lui paraissait plus favorable. Mais comment s'accoutumer à voir des hommes faire l'ouvrage des animaux ? Eulalie, la sensible Eulalie, pourrait-elle vivre sous un ciel où l'avidité soumet mille êtres laborieux et paisibles à un esclave inhumain ? Non, les cris d'une mère réclamerait inutilement son fils, ou les sanglots d'un malheureux qui ploierait sous les coups de bâtons lui causeraient une douleur mortelle. Si l'Angleterre n'eût pas eu une guerre sans fin à soutenir, il aurait choisi quelques coins des îles britanniques.

Mais qui peut prévoir quel sera leur sort? L'Italie, ce jardin de l'Europe, ne lui offrait, joint à la perfidie des habitans, qu'un théâtre de guerre continuelle; la Suisse n'était plus un lieu de paix et de sûreté; l'Allemagne devait s'attendre à se voir inonder de sang. Il se fut souhaité en Géorgie; mais ce canton, le plus beau du monde, se trouvait exposé à changer plusieurs fois de maître. Incertain de la région qu'il devait choisir, il conduisit sa famille à *l'Orient*. Il se fit suivre par deux jeunes serviteurs dont il avait connu la bravoure, la fidélité et la discrétion pendant la guerre.

Il fallut toute l'éloquence et tout le crédit que mon héros avait sur l'esprit de ses vieux amis pour calmer les regrets qu'ils sentirent, lorsque pour toujours ils abandonnèrent ces lieux où ils avaient contracté des habitudes. Vous savez, leur dit-il, que la religion ordonne de se détacher sans peine des choses terrestres. Accoutumés à vivre à la campagne, partout vous en trouverez d'agréables. Je saurai vous choisir une retraite qui ait quelqu'image de celle que la prudence vous force à quitter. Consolez-vous, l'amitié, le respect, la tendresse vous restent! partout vous pourrez être heureux. Ensuite il les fit monter en voiture, et avec un des serviteurs, il les suivit à cheval.

Ce cortège, depuis plusieurs jours, marchait paisiblement, le tems même paraissait lui être favorable, lorsqu'il éprouva une aventure qui manqua de lui être funeste. Comme, après les guerres,

res, particulièrement les guerres in-
testines, il se trouve qu'une foule de
malheureux, sans asiles et sans aucuns
moyens d'existence , sont obligés ,
quoiqu'à regret, à faire les brigands,
il arriva qu'à l'entrée du bois de *Lo-
mines*, quinze à vingt bandits in-
vestirent la voiture et demandèrent la
bourse ou la vie. Mon héros, sans s'é-
tonner du nombre et sans se nommer
(car son nom inspirait dans ce pays
la terreur et l'admiration), leur offrit
quelqu'argent, et les engagea à travailler pour se procurer les moyens
d'exister honnêtement. Le chef de la
bande lui répondit qu'on les avait mis
dans le cas de fouler aux pieds toute
morale, et il eut l'air de vouloir ajouter l'effet aux menaces. Alors mon
héros, mettant la main à la poignée
de son sabre, ordonna au serviteur,
qui était comme lui à cheval, de l'i-

miter. Celui-ci, d'une voix assurée, lui demanda s'il n'avait pas toujours été jaloux de marcher sur les traces du brave Achille. A ce nom d'Achille, un des brigands fixa mon héros. Surpris de reconnaître, dans celui dont les jours étaient menacés, le conquérant de *Nantes*, il s'écria : Camarades, respectez le plus généreux, le plus humain des hommes. C'est ce vaillant guerrier, leur dit-il, dont vous admiriez les exploits sur le récit que je vous en ai fait encore hier au soir. Loin de répandre son sang, versons plutôt le nôtre pour le secourir si l'on osait l'attaquer.

Un instant suffit pour faire d'une scène tragique une scène de paix. Ces malheureux auraient cédé à l'invitation que leur fit mon héros de se remettre à cultiver la terre si la proscription et la loi du besoin ne les avaient forcé d'habiter les forêts et les grands chemins. A cet évènement près, l'on arriva très-tranquillement à *l'Orient*.

Dans ce port, le seul vaisseau prêt à mettre à la voile était un Anglo-Amériquain que des corsaires français y avaient amené parce qu'ils le croyaient ennemi. Le conseil des prises en ayant décidé autrement, il n'attendait plus qu'un vent favorable pour se rendre en Sicile, lieu de sa destination. C'est au capitaine de ce vaisseau que s'adressa mon héros pour le prier de recevoir ses amis et lui à son bord jusqu'à *Palerme*. Je ne demanderais pas mieux que de vous être utile, lui dit le capitaine, mais je crains que le grand nombre de personnes qui surveille

mes actions ne le trouve mauvais;
cependant ce que vous venez de me
dire me touche. Vous parlez avec
une noblesse qui ne laisse point douter de votre franchise. Il est si rare
de trouver des hommes vrais que l'on
doit-être heureux de pouvoir leur
rendre service. Pénétré de ce sentiment, je vais vous donner un moyen
qui nous mettra à l'abri des méchans.
Lorsque la mer sera haute, je ferai
lever l'ancre. Vous et vos amis vous
cotoyerez le rivage comme si vous
respiriez la fraîcheur du soir. Les
nombreuses patrouilles, qui veillent
à ce que toute communication soit
ôtée aux anglais, croiront que vous
vous promenez. Puisque vous jouez
de la flûte, à un quart de lieue de la
ville, vous répéterez l'air *d'Hypolite*.

Cette résolution prise, la voiture

et les chevaux qui avaient conduit nos fugitifs à *l'Orient* furent bientôt vendus. L'heure du rendez-vous étant arrivée, le père et la mère d'Eulalie se donnèrent le bras ; Eulalie et son époux soutînrent le vieux ami ; les deux serviteurs allaient l'un devant et l'autre derrière pour assurer la marche. A la hauteur indiquée, mon héros donna le signal convenu. L'on ne tarda pas à entendre la rame fendre les flots. Le lieu où s'étaient arrêtés nos fugitifs pour s'embarquer, n'était point abordable. Dans la crainte que le moindre retard fut nuisible, mon héros prit dans ses bras sa chère Eulalie et la porta dans le canot qui vint les chercher. Il chargea sur ses épaules son vieux ami, et fit porter son beau-père et sa belle-mère par les deux serviteurs. A peine de vigoureux rameurs les avaient-ils fait gagner le large, qu'une patrouille de gardes-côtes fit sur eux une décharge de mousquetterie, parce qu'ils les prenaient pour des anglais qui s'échappaient à leurs recherches; heureusement, il n'y eût qu'une balle qui effleura la cuisse d'un des serviteurs. Parvenus au vaisseau qui les attendait, nos fugitifs reçurent l'accueil le plus flatteur. Malgré tous les soins que leur donna le capitaine, Eulalie et sa mère sentirent tout l'effet que produit l'air maritime sur les personnes qui, pour la première fois, voyagent par mer. Le tendre Henry, nom que le vieux ami avait donné au fils de mon héros, n'eut à souffrir, que d'être, pour quelques heures, privé des caresses de sa mère.

L'état des deux malades employa tous les momens des premiers jours

de navigation. Comme cette traversée
exige que l'on fasse de grands détours,
mon héros se serait occupé à dessi-
ner les différens points de vue que
présentent successivement plusieurs
îles, si le capitaine ne l'eût constam-
ment questionné soit sur les circonstances de la guerre intestine qui venait de se terminer, soit sur les par-
ticularités de sa vie privée. Le vif intérêt que prenait ce généreux marin,
à chaque réponse de mon héros, fit
naître à celui-ci le désir d'avoir une
connaissance parfaite des mœurs des
habitans des États-unis de l'Amérique. « Pour vous satisfaire, lui répondit il, il faudrait avoir habité parmi
ces insulaires plus longtems que je
ne l'ai fait. Me voyant naviguer sous
leurs pavillons, il vous est permis de
me croire leur compatriote. Comme

des circonstances malheureuses m'ont obligé à trafiquer au compte d'une maison de commerce de *Londres*, il m'a fallu, pour m'approcher des côtes de la France ou de celles de ses alliés, avoir un sauf-conduit. Ces braves Américains ne me l'ont point refusé. »

Vous avez donc aussi éprouvé des malheurs, lui demanda l'aimable Eulalie ? De bien grands, répondit le capitaine : mais je prévois que mes peines sont finies. Vous seul pouvez juger si mon pressentiment est bien fondé. Le ciel est serein ; tout nous promet une heureuse navigation, mes soins sont inutiles ; mon lieutenant saura me remplacer ; je vois que je peux causer avec vous en toute liberté. N'ayant à son bord que notre famille fugitive, il lui fut facile de lui parler sans témoins ; ce qu'il fit en ces termes :

« Je suis français ; et, comme vous, né dans la partie de l'Ouest. Dès l'âge le plus tendre, je suivis mon père, capitaine de vaisseau de la marine royale, dans différens voyages qu'il fit à l'île *Bourbon*, au *Cap de Bonne-Espérance*, à *St.-Domingue*, etc. Après la mort de ce cher soutien de mon enfance, je fus contraint d'aller au *Canada* pour y recueillir la succession de ma mère qui était fille d'un des gouverneurs de *Québec*. Mes affaires me retinrent dix-huit mois dans cette capitale. J'y fis connaissance d'une jeune personne, belle, aimable et vertueuse. Devenu son époux, je repassai en France avec une somme d'argent considérable.

Ma femme aimait la campagne. Je m'y fixai après avoir augmenté les propriétés que m'avaient laissé mes ancêtres. Nul sort ne paraissait préférable au mien; aimé d'une épouse charmante, caressé par un fils dont l'engouement de l'enfance comblait mes vœux. Rien ne manquait à mon bonheur, lors qu'oubliant que le sage, dans un siècle corrompu, ne doit prendre aucune part aux affaires du gouvernement, je me rendis aux états de Bretagne; j'y fus provoqué par un seigneur puissant. La force, le crédit, la fortune ne purent m'empêcher de tirer vengeance de l'offense que l'on m'avait faite. Je donnai un coup d'épée à mon adversaire qui, trop orgueilleux pour être susceptible de générosité, sût induire contre moi et rendre générale une querelle qui lui était toute particulière. Exempt

de reproches, je revenais sans dé-
fiance près de mon adorable épouse.
Déjà je me figurais la voir tenant
entre ses bras mon fils, alors âgé de
cinq ans ; je me proposais à recevoir
leurs tendres embrassemens, quand
des archers me sommèrent au nom
du Roi de les suivre. Je sentis que
j'apporterais une résistance inutile.
J'obéis sans pressentir que je ne devais plus revoir mon épouse. Séparé
de mes laquais, mis dans une chaise
de poste, je fus conduit à *Pierre-
Ancise*. (1) Enfoui dans le cachot le
plus secret de cet affreux donjon,
toute communication me fut ôtée.
Là mon héros interrompit le capi-

_______________

(1) Prison d'état dans le faubourg de Vaise
à Lyon, elle a été détruite dans la révolution.

taine pour demander à son vieux
ami, qu'il voyait très-ému, le sujet
qui lui fesait verser des larmes. Ce
que vient de nous dire monsieur,
répondit le vieux ami, en montrant
le capitaine, me retrace des souve-
nirs douloureux ; mais souffrez que
je les passe sous silence; il est impor-
tant que je ne perde point le fil de
ce récit ; je prie donc monsieur de
vouloir bien le continuer. Le capitaine
reprit ainsi sa narration :

« Depuis six années j'existais séparé
du monde entier ; tout espoir était
éteint au fond de mon cœur ; j'étais
absorbé dans les plus sinistres idées,
lorsque la porte de mon cachot s'ou-
vrit. Une voix moins terrible que
celle que j'étais accoutumé d'entendre, m'apprit qu'un coup de sang
avait fait payer le tribut à la nature

à mon implacable gardien. Le por-
teur de cette nouvelle ajouta que ,
chargé des soins de ma personne, il
se ferait un devoir d'adoucir ma situation; qu'il savait ce que j'avais eu
à souffrir sous son prédécesseur. Ces
paroles me furent d'un bon augure.
Enhardi par les attentions de mon
nouveau gardien, je lui demandai si,
sans se compromettre, il pourrait fa-
ciliter mon élargissement. Sensible à
mes peines, il se prêta avec le plus
grand désintéressement à tout ce qui
pût assurer ma fuite. Malgré qu'au
moment de mon arrestation l'on
m'eût fouillé avec assez d'exactitude,
j'avais su soustraire une boëte enri-
chie du portrait de ma chère *Félicité*
et de celui de mon fils. J'avais mis
furtivement quelques louis dans le
fond de cette boëte, je les offrit à
mon gardien. Comme son âme fesait

le bien pour le seul plaisir d'obliger, il les refusa. Ce brave homme ne vit qu'un moyen de me faire évader; c'était de m'apporter une échelle de corde en soie et une lime pour couper les barreaux de la lucarne de mon cachot. Avec ce secours, il me fut facile, à la faveur d'une nuit pluvieuse, de descendre les hautes tours de ce terrible château et d'escalader les rochers sur lequel il se trouvait assis. Libre, je me retirai dans un village de la Savoie. A l'abri de toute poursuite, mes premiers soins furent de m'instruire du sort de mon épouse et de celui de mon fils. Par prudence, je m'adressai à un de mes parens qui m'avait toujours donné les marques de la plus sincère amitié. Sa réponse me prouva que, dans l'adversité, il est rare de trouver des amis et encore moins des parens. Il m'appre-

nait que ma trop sensible épouse
était morte de douleur et que mon
fils, attaqué d'une fièvre putride, n'en
releverait pas. Il m'engagea, pour
l'honneur de la famille et pour ma
propre sûreté, de ne jamais reparaî-
tre dans mon pays. En général sa
lettre n'était que reproches, défenses
et inimitiés. Après l'avoir relue, je
vis que je n'avais plus rien à espérer,
puisque mon épouse était dans le
tombeau et mon fils prêt d'y entrer. »

Là le vieux ami soupira encore;
mais sans suspendre le récit du capitaine.

« Comme je possédais quelques ta-
lens tels que le dessin, les mathéma-
tiques et plusieurs langues étrangères;
je me décidai à me mettre interprête
ou à me charger de l'éducation de

quelques enfans. Il n'appartient, me dis-je, qu'à un être sans vertu de se laisser abattre par les revers. Il faut prouver que l'on est au-dessus de ses malheurs, en montrant que l'on est plus grand qu'eux, sans cependant y être insensible. Occupé du soin d'élever un enfant, je chercherais à me faire illusion jusqu'à croire que c'est celui que l'amour, l'amitié m'avaient donné. Quelquefois, le serrant entre mes bras, je le nommerai mon cher *Achille.* » A ce nom, mon héros sentit son cœur palpiter et ses yeux se mouillèrent des plus douces larmes. Il voulu prononcer des paroles que la crainte d'interrompre le capitaine suspendit.

« Plein de cette résolution, je passai en *Italie.* C'était l'instant de la foire de *Sinigaglia.* Je savais qu'à cette époque

époque, il venait, sur les côtes de *l'Adriatique*, des marchands de toutes les parties du monde connu. J'en trouverai un, me dis-je, qui acceptera mes services. Je me sentais susceptible de tenir la partie des livres ou de conduire en second une maison de commerce : car, dans ma jeunesse, on n'avait rien négligé de ce qui pouvait m'être utile. Je ne me trompai point, le premier négociant auquel je m'adressai était anglais. Il me reçut en qualité de traducteur. Je ne lui cachai point ma situation. Il fut charmé de ma franchise. Il me promit qu'il ferait son possible pour me rendre la fortune favorable. Tous ses soins ne m'auraient rien laissé à désirer si je n'eus jamais senti le bonheur d'être père et époux. »

« Nous partîmes pour l'Inde où nous

3

fîmes un assez long séjour. Dans ce voyage, je gagnai la confiance de mon bienfaiteur, qui, pour me prouver son estime, voulut que je pris le nom que je porte aujourd'hui, parce qu'il était celui d'un de ces amis nouvellement décédé. » Ici mon héros resta encore comme suspendu.

« Nous partîmes de l'Inde pour venir à *St.-Heleine*. (1) Dans cette île, mon bienfaiteur voulu donner une petite fête à un de ses confrères que le hasard lui fit rencontrer. Il s'agissait d'un feu d'artifice. Je fus chargé de ce soin. C'est là où une imprudence me laissa la marque qui me couvre une partie de la figure. Voici comment cela arriva : pour

_______________

(1) Ile de la mer Atlantique.

hâter mon entreprise, je ne me contentai pas d'employer le jour, je travaillai très-avant dans la nuit. Au moment où j'étais le plus occupé à rassembler de la poudre que j'avais écrasé, une étincelle de la lumière qui m'éclairait y mit le feu. Cette explosion me brûla les cheveux et tout ce que vous voyez de cicatrisé sur mes joues. Je ne puis vous rendre la peine qu'occasionna cet accident à mon bienfaiteur. Les anglais sont fiers, mais ils sont sensibles et généreux. Depuis cette époque, il n'a cessé de me traiter en véritable ami. »

« De retour en Europe, il m'associa à son commerce. Il m'a chargé de la partie des voyages ; c'est ce qui fait que j'ai été sur les côtes de l'Amérique Septentrionale. C'est même sur ces côtes que j'ai appris la révolution

française. J'en sentis la plus vive
douleur , quoi qu'en quittant la
France j'eusse pressenti sa déca-
dance du moment où je l'avais vue
fouler aux pieds les lois les plus sa-
crées. »

« J'ai cru devoir vous faire l'abrégé
de mes aventures pour m'assurer si
mon cœur pouvait me tromper. Je
vois que rien ne peut en imposer à
la nature. Le tems, les circonstances
n'étouffent point sa voix. Achille!
pardonnes - moi un récit qui était
inutile d'après ce que tu m'avais dit!
viens mon fils! viens embrasser ton
père et me rendre mon épouse et le
bonheur ! »

Transporté d'une joie aussi vive
que pure, mon héros se jeta dans
les bras de son père, et lui dit : ô le

plus généreux des hommes, j'ignorais tes malheurs ! Depuis longtems , je croyais que tu n'étais plus ! ô mon père ! ô mon père ! Dieu qui m'a conduit comme par la main, met en ce jour le comble à ma félicité ! Permets moi de baiser ton front vénérable , et souffre que ma tendresse te prouve que ton fils est digne de toi !

Eulalie, aussi prompte que son époux, avait saisi la main du capitaine, et, tandis que mon héros donnait des marques de son amour filial, elle le couvrait de baisers et de pleurs. Cette scène fut interrompue par le vieux ami qui, avec l'accent de la douleur, s'écria : « Achille, généreux Achille, qui deux fois fûtes mon libérateur, ne m'abandonnez pas dans cet instant qui est le plus critique de ma vie ! Que mes cheveux blancs,

que mon corps courbé par le poids
des années vous parlent en ma faveur! Intercédez pour moi ce père que
Dieu vous rend comme une récompense dûe à vos vertus! »

La cupidité, ce vice affreux, me
rendit coupable envers lui et envers
vous. Je dois en faire ici l'aveu;
mais avant recevez ce petit tableau,
il représente votre mère et vous assis
sur ses genoux; confrontez ces deux
portraits à ceux qui se trouvent sur
la boëte que votre père a conservé
jusqu'à ce jour, vous verrez, par la
parfaite ressemblance, qu'il n'y a nul
doute que vous ayez retrouvé l'auteur de vos jours. cette confronta-
tion faite, le vieux ami, continuant à
s'adresser à mon héros, lui dit :

« Après la mort de votre mère, je

fus nommé votre tuteur. A cette époque j'étais criblé de dettes que m'a-
vaient occasionné des folies de jeunesse. Je vis un moyen de me liqui-
der en m'appropriant la majeure
partie de vos revenus. Il est si facile
de ruiner un mineur ou du moins de
le tromper, lorsqu'on n'est retenu
que par la crainte des lois humaines,
que j'eus bientôt, à vos dépens,
rétabli mes affaires financières. Si
encore, le sordide sentiment qui
m'animait se fût borné là, votre
générosité m'eut évité bien des erreurs. Non, je voulus vous rendre
dupe, et, après vous, d'autres personnes. J'étais entièrement occupé
de votre fortune, lorsque je reçus la
lettre de votre père. J'avais trop
d'intérêt à l'éloigner pour lui parler
de vous. Comme il arrive toujours
que ceux qui s'abandonnent au mal

ne manquent jamais de moyens de
le commettre, ma réponse à votre
père fut remplie d'artifice. Elle pro-
duisit l'effet que j'en attendais. As-
suré que sa sensibilité l'éloignerait
pour toujours de son climat natal, je
n'eus plus qu'à penser aux moyens
de me défaire de vous. Votre caractère vif et entreprenant me parut favorable à mon dessein. Le faisant
voyager, me dis-je, quelques traits
de témérité termineront sa carrière et
me laisseront libre possesseur de ses
biens. Heureusement, Dieu n'a point
permis que mes affreux désirs ayent
été accomplis, malgré que j'ai souvent éludé vos demandes pour vous
réduire au désespoir. Il semble que
le maître de l'Univers se soit plû à
vous faire triompher des obstacles
que vous avez eu à surmonter pour
me ramener, par votre générosité,

dans

dans la route de l'aimable vertu ; croyant que votre père n'avait point survécu à ses infortunes, j'ai dû vous laisser dans la persuasion qu'il avait perdu la vie dans une prison d'état. Un moment inattendu vient de dévoiler ma perfidie et vous met à même d'être plus grand que jamais. »

Toutes les actions de mon fils, lui dit le capitaine, cesseraient d'avoir du mérite à mes yeux s'il était susceptible de se souvenir des torts que vous avez eu à notre égard. Pour lui donner l'exemple d'oublier le passé, souffrez que je vous nomme, comme jadis, mon conseil et mon ami. En prononçant ces mots, il fut l'embrasser, et son fils sut l'imiter.

Le père et la mère d'Eulalie en admirant cette douce réconciliation se disaient : que celui qui possède une belle âme est heureux ! Pour lui, le bonheur est constant ; il ne craint point que ses sentimens soient mal interprétés, et il compte pour les plus beaux jours de sa vie ceux où il est indulgent et compatissant.

Eulalie, ayant pris la main du capitaine, lui dit ; pour mettre le comble à notre bonheur, il ne faut plus vous séparer de nous. Ma fille, c'est mon intention. Aussitôt que j'aurai rendu mes comptes à mon bienfaiteur et que je lui aurai témoigné ma reconnaissance, je reviendrai près de vous.

Tout favorisait notre famille sans patrie ; aucuns nuages ne flottaient dans l'atmosphere ; un ciel serein permettait de découvrir au loin ; les voiles doucement enflées rendaient la navigation agréable; déjà l'on se proposait de voir le mont *Etna* vomir ses flammes et ses feux, d'examiner les côtes de la fertile île de Sicile, cet ancien grenier du peuple romain et la résidence du fidelle roi *Hiéron*, lorsqu'un corsaire français vint pour semparer du vaisseau qui portait nos fugitifs. Le capitaine, secondé par le vent, chercha un abri sous les batteries d'un escadre anglaise qu'il savait être en croisière dans les parages de *Malte*. Il était parvenu à se faire perdre de vue de cet ennemi, quand il en vit un second qui lui ordonna d'amener pavillon. Trop près pour lui échapper, il se prépara à le recevoir à l'abordage. Le second ennemi s'approcha pour *l'amariner*, mais quelle fut sa surprise lorsqu'il vit mon héros, les deux serviteurs et quelques hommes de l'équipage, non-seulement, faire bonne contenance, mais encore sauter à l'abordage et faire un carnage affreux. Cet écumeur de mer se trouva heureux de n'être que prisonnier de guerre.

Ce petit combat venait de finir; l'on se disposait à reprendre sa route, lorsque la chûte du jour amena une orage qui soudain brisa les mats et les cordages et porta avec violence le vaisseau et le corsaire du côté opposé à la route qu'ils devaient tenir. Les pilotes en vain s'efforçaient d'éviter les écueils, les vagues les jetaient contre des rochers presqu'à fleur d'eau, ce qui força à transporter une partie des marchandises dans le corsaire, et obligea à pomper pour empêcher d'être submergé. Dans cette triste position ; mon héros ne quittait la pompe que pour consoler ses bons amis. Dieu ne nous abandonnera pas, leur dit-il ! La paix de nos consciences n'est-elle pas un sûr garant que les flots sont folement courroucés ? Si pour un instant nous sommes le jouet d'une tempête, c'est pour nous préserver de quelques grands dangers et pour nous apprendre que la victoire que nous venons de remporter est moins dûe à la bravoure qu'à sa bonté de veiller sur nous. Ensuite il allait ranimer le courage de l'équipage. Ne craignez rien, mes amis, leur disait-il ! tout homme qui ne s'effraye point à l'aspect du danger trouve toujours des moyens de l'éviter. Sur mer comme dans les armées de terre, il n'y a que le poltron ou celui qui se trouble qui devient la première proie de la mort.

Mes camarades, travaillons et vous verrez que nous en serons quittes pour avoir eu le double de soins et d'activité !

En effet, le retour de la lumière mit fin à leurs peines. Une rade sûre s'offrit à leurs yeux. Ce n'était pas, il est vrai, celle où ils s'étaient proposés d'aborder, mais celle de *Cagliari*, capitale de l'île de Sardaigne. Ce peuple ami des anglais, dit le capitaine, est hospitalier. J'entrevois que le hasard nous servira mieux que nous aurions dû l'espérer. Puisqu'il faut choisir un pays, celui-là me paraît préférable à bien d'autres. C'est à tort qu'on lui reproche d'être malsain. J'y ai des connaissances, je suis sûr que nous n'aurons qu'à nous applaudir de notre malheur. En disant ces mots, l'on entra dans le port de

*Cagliari* à force de rames; car le vaisseau avait tellement souffert qu'ils ne lui restait plus que la carcasse

Comme il fallait plusieurs jours pour le mettre en état de tenir la mer, mon héros et son père les employèrent à parcourir l'intérieur de l'île pour y choisir l'endroit le plus convenable pour s'établir. Une petite montagne, d'un côté couverte de taillis, de l'autre de hautes futaies, dont la crête était enfoncée tel que si elle eût servi a asseoir un camp romain, leur parût favorable à leur dessein. Ils en firent l'acquisition et y tracèrent le plan d'une agréable solitude que mon héros fit construire en l'absence de son père qui de *Cagliari* se rendit en Sicile et de-là en Angleterre pour y terminer ses affaires.

Avant de mettre les ouvriers à

l'œuvre, mon héros crut devoir se
présenter au roi de Sardaigne qui
résidait à Cagliari. L'héritier du
sage *Victor Amedé*, se dit-il, ne
me refusera pas la liberté de vivre en
paix dans ses états. Lui-même malheureux, il doit compatir aux peines
d'autrui. Parvenu au monarque, il
lui exposa brièvement les circonstances qui l'obligeaient à fuir sa patrie. Le roi, charmé de son air noble
et de la simplicité de ses expressions,
lui proposa un grade militaire. Grand
prince, lui répondit mon héros, si
les français ont pu me croire ennemi
de mon pays, parce que j'ai été forcé
de mettre les armes à la main dans la
guerre civile qui vient de l'agiter, ils
seraient en droit de m'accuser de
perfidie s'ils me voyaient marcher
sous vos étendards. Je ne suis point
assez ami de la gloire pour lui sacri-

fier mon devoir : car s'il fallait, pour rendre le bonheur à mes compatriotes, verser jusqu'à la dernière goute de mon sang, je le ferais tout à l'heure. Ce dévouement, sire, n'empêchera pas que je sois jaloux d'être soumis à vos lois, excepté à celle qui voudrait m'obliger a m'armer contre ma patrie.

Cet aveu ne déplût point au roi, au contraire il aurait désiré que tous les hommes eussent eu cette même franchise. Les princes, se dit-il, ne seraient point trompés par des êtres qui, sous le prétexte de réclamer les droits de l'hospitalité, viennent corrompre les mœurs des nations paisibles. Je veux que tous les étrangers qui aborderont dans mon île me soient présentés, et ceux qui maudiront leur patrie ou qui m'offriront leurs pouvoir pour asservir leurs concitoyens soient chassés ignominieusement de mes états. Si tous les souverains suivaient cet exemple, les *cupides brouilleries* cesseraient de désoler le genre humain. En suite, s'adressant à mon héros; allez, lui dit-il, faites le bonheur de ce qui vous est cher dans quel lieu que ce soit de ma dépendance ! Sans être mon sujet, je ne vous regarderai point comme un étranger. Après cet accueil, mon héros ratifia son acquisition et se hâta de faire construire sa demeure. Il l'embellit par tout ce que l'art peut ajouter à la nature; il fit percer, en petites routes tortueuses, le bois qui entouraient la montagne dont j'ai parlé. L'on vit bientôt divers sentiers renfermer, dans leurs plis, des bancs de gazons, des verdures, des grottes et des cascades; etc., dans le milieu de la crête enfoncée, il fit bâtir une maison petite, mais commode ; chaque façade de cette maison avait un point de vue admirable ; les appartemens étaient tous de plein pied ; l'on pouvait sortir , au midi, sur une belle prairie qui était arrosée par plusieurs ruisseaux dont la source se trouvait sur une haute montagne voisine. ( Cette prairie était bordée d'une futaie, laquelle se trouvait coupée par de belles allées qui aboutissaient sur des demi-lunes, des étoiles, des tapis et autres figures faites en gazon; ) soit au septentrion, sur un jardin bien planté et au milieu duquel un large bassin entretenait divers jets d'eau. ( Ce jardin était bordé d'un taillis, ) à l'Orient, sur un parterre agréablement dessiné ; à l'Occident, sur une avenue qui se prolongeait jusqu'à une vallée qui offrait un tableau à souhait.

Tout s'avançait avec une promptitude inconcevable. Déjà mon héros se proposait d'y conduire sa famille, lorsqu'il reçut une lettre de son père qui lui envoyait le fruit de ses longues économies et un ameublement complet en lui annonçant son prompt retour. « Mon bienfaiteur est inconsolable de mon départ, lui marquait-il ; s'il n'était retenu par les plus hautes considérations, il viendrait avec sa femme et ses enfans augmenter notre famille ; car il me regarde comme son plus proche parent. Aussitôt que je lui aurai persuadé qu'il doit, dans cette circonstance, croire que ce n'est qu'un long voyage que j'entreprends, j'irai te rejoindre. »

'A cette nouvelle, on se hâta de
meubler l'appartement destiné au
père de mon héros. La belle Eulalie,
chargée de ce soin, ne laissa rien à
désirer. L'on se réjouissait d'avance
du plaisir de recevoir cet homme
vertueux, lorsque mon héros apprit
qu'il venait de tomber au pouvoir
d'un corsaire français qui l'avait
mené prisonnier dans l'île de *Corse.*
Il est impossible de peindre la cons-
ternation qu'éprouvèrent nos expa-
triés en apprenant ce dernier coup
du sort. Mon héros seul put modérer
sa douleur pour s'occuper du moyen
le plus prompt de délivrer ce captif.
Après avoir médité un instant, il
s'arrêta à ce qui lui parut le plus
hardi et le plus expéditif. Ayant
pris sa chère Eulalie en particulier,
il lui dit : « tu es trop généreuse pour
t'opposer à ce que je vole au secours

de mon père. Je te laisse, en partant, le soin de consoler notre vieux ami. Pense qu'il faut cacher une partie de sa peine lorsqu'il s'agit d'adoucir celle d'autrui. Le tendre Henry doit ranimer ton courage et te faire supporter avec résignation mon absence. Je ne te cache pas que je vais partager le sort de mon père ou l'amener avec moi. »

La bonne Eulalie laissant couler quelques larmes, lui répondit : je ne m'opposerai pas à ton départ, mais n'oublie pas que sans toi la vie me serait un pénible fardeau.

Accompagné des deux serviteurs dont j'ai parlé, mon heros partit pour *Cagliari*. Il ne resta dans cette capitale que le tems nécessaire pour se procurer un bateau de pêcheur et de

bons rameurs qui fussent susceptibles
de tout entreprendre. Avec ce secours
il fit voile vers l'île de *Corse*. A la
faveur de la nuit, s'étant fait mettre à
terre, il gagna la ville d'*Ajaccio*, après
avoir recommandé au patron du bateau qui l'avait conduit, de se tenir
éloigné de la côte pendant le jour
crainte d'être apperçu, et de s'en rap-
procher le soir pour venir le chercher aussitôt qu'il l'entendrait jouer
sur sa flûte l'air de *Guelnard*.

Arrivé à *Ajaccio*, mon héros apprit que son père était au nombre des
prisonniers de guerre que l'on gar-
dait dans la citadelle de cette ville.
D'après ce renseignement, il fit engager ses deux serviteurs, persuadé
qu'ils seraient bientôt de garde à la
porte du captif auquel ils pourraient
donner une lettre qui l'instruirait de

sa démarche. Comme il l'avait prévu, la missive fut remise tandis qu'il gagnait un adjudant de place pour faire extraire le prisonnier sous le prétexte de l'interroger. Selon ses désirs les deux recrus furent chargés d'escorter le captif qui, au lieu d'être conduit, fut mené au lieu où l'attendait mon héros. Sans s'arrêter aux transports d'une joie réciproque, l'on sortit de la ville et l'on s'approcha de l'endroit où le patron, chaque soir, venait jeter l'ancre. Bientôt la flûte promena ses sons sur la face des eaux. Le patron, exact aux ordres qui lui avaient été donnés, vint recevoir, dans son frêle vaisseau, mon héros ainsi que son père et les deux serviteurs. Un vent favorable les fit arriver en Sardaigne à la pointe du jour. Malgré qu'ils n'eussent pas clos la paupière de toute la nuit, ils se mi-

rent

rent en marche pour aller consoler leurs bons amis. Jamais personne n'a été attendue avec plus d'impatience qu'ils l'étaient depuis huit jours. Chaque soir Eulalie, suivie de son père, de sa mère et du vieux ami, allait, en tenant par la main son petit Henry, s'asseoir dans un endroit de la montagne d'où l'on pouvait découvrir tout ce qui approchait de la demeure de nos réfugiés. Déjà le coucher du soleil fesait craindre à cette tendre épouse d'être encore privée pour cette nuit de son Achille, lorsque le petit Henry, qui était occupé à cueillir des fleurs, courut se jeter sur ses genoux en criant : *maman du bruit ! maman du bruit !* A son air effrayé l'on ne douta pas qu'il eût entendu quelque chose; l'on prête l'oreille et l'on distingue la voix de mon héros aidant son père

à gravir un sentier fort étroit et très-
ombragé.

Il est impossible de rendre avec
quelle promptitude Eulalie courut
embrasser son père et son époux, et
avec quelle satisfaction elle en fut
reçue. Lorsque mon héros se vit près
de ses vieux amis qui, d'un pas tardif
se hâtaient d'aller au-devant de lui,
il entrelassa ses bras avec ceux des
deux serviteurs pour prouver que
l'amitié égale toutes les conditions, et
il entra ainsi dans sa nouvelle demeure pour y jouir d'une constante
félicité.

FIN.

# LETTRES AU SENSIBLE

# ADÉODAT.

LE

I

P

# LETTRES AU SENSIBLE ADÉODAT.

---

## DEDICACE.

PHILOSE, il est donc vrai, tu préviendras toujours mes désirs ! occupée du soin d'élever le tendre *Adéodat*, ton imagination enfante mille idées propres à perfectionner l'éducation de ce cher nourisson. Je sens, comme toi, qu'en amenant, chaque soir, la conversation sur des choses utiles à savoir, il est nécessaire, le lendemain, qu'un tiers lui en retrace le souvenir pour qu'il en soit bien pénétré. Cette correspondance le flattera ; car à son âge l'on se trouve jaloux de se voir traité en homme raisonnable.

Je me dispenserai de te dire un mot de toutes les passions; je ne parlerai que de ce qui peut fournir sujet à tes entretiens familliers et de ce qui se trouve plus amplement traité dans mes précédens ouvrages.

Puisque tu ne dois passer que le mois d'Octobre chez ton amie, je me bornerai à trente-une lettres qui, à l'aide de tes soins, suffiront pour empêcher que ce laps de tems destiné aux vacances d'*Adéodat*, soit entièrement employé à la dissipation.

# LETTRE I.

RIEN, mon cher Adéodat, ne me paraît plus ingénieux que la manière de m'engager à t'écrire chaque jour sur les observations que tu me feras la veille. Je te dirai donc que, comme tu le crois, la religion chrétienne est la seule vraiment aimable. Ses principes sont simples et immuables ; elle naît avec nous ; il faut, pour qu'elle nous abandonne, que notre inconduite rendurcisse nos cœurs, sans quoi elle nous console et elle nous met au-dessus des vicissitudes humaines ; elle est douce, clémente et généreuse ; sa principale qualité est de nous présenter toujours l'heureux avenir; ses lois se réduisent aux mouvemens de l'âme qui est une émanation de la divinité et un juge équitable auquel il faut obéir aveuglément. Si, une fois dans la vie, tu cherchais à éluder un de ses jugemens, tout sentiment en toi serait suspendu, ce qui, par gradation, t'inclinerait plutôt aux choses terrestres qu'aux choses célestes, tel que l'enfant qui, sous des prétextes frivoles, néglige son devoir, finit par contracter un dégoût pour l'utile, et par préférer ce que son faible discernement lui fait trouver agréable.

# LETTRE II.

Hier au soir, mon cher Adéodat, tu as manqué de réflexion en oubliant que la clémence est une des premières vertus; car, il ne faut pas te le dissimuler, il y a des fautes qui non-seulement sont excusables, mais encore dont le motif est louable. Je puis te le prouver dans la conduite du jeune *Télémaque* : tu sais que les observations du sage Mentor ne purent l'empêcher d'entreprendre son voyage sur les côtes de Sicile. (1) Sans le

***

(1) Voyez Télémaque livre premier.

pouvoir de la déesse Miverve qui l'accompagnait sous la forme d'un vieillard, il eut, il est vrai, été très-rigoureusement puni de sa témérité. Cependant je te suppose qu'il eût perdu la vie sur le tombeau *d'Anchise*. Sa mort ne devenait-elle pas digne d'envie, puisqu'il l'aurait reçue pour avoir suivi les douces lois de la nature qui lui ordonnaient de chercher son père, de consoler sa mère et de sécourir sa patrie ? Tu vois, par ce seul exemple, que, pour bien juger, il faut connaître la cause et les effets qui ont déterminé l'action.

# LETTRE III.

Tu te trompes, mon cher Adéodat, en croyant qu'il n'y a que les grandes actions qui puissent faire excuser les fautes commises, soit par la fougue de la jeunesse, soit par des motifs vraiment condamnables. D'après ta manière de voir, l'homme forcé à rentrer dans la vie privé, ou celui qui n'en serait point sorti, se verrait sans espoir de mériter l'estime de ses concitoyens une fois que quelque circonstance la lui aurait fait perdre. Si cela était comme tu as cherché à le persuader, supposons que ce même homme n'ait pas de religion; dis-moi qui est-ce qui pourra l'obliger à mener une conduite plus régulière que celle passée ? Sera-ce la crainte des lois humaines ? Ah mon jeune ami ! quiconque ne serait retenu que par ce faible lien, retomberait bientôt non-seulement dans l'injustice et dans l'égarement, mais encore deviendrait cruel, parce qu'il s'appercevrait qu'il n'aurait plus rien à ménager.

# LETTRE IV.

Sil faut, mon cher Adéodat, des exemples de sévérité pour prévenir de grands crimes, ce ne sont que des êtres vraiment coupables qui doivent en servir. C'est donc à tort que tu as approuvé la condamnation de H. Je veux que ce malheureux ait effectivement dérobé un boisseau de blé, parce que son travail ne pouvait suffire à nourrir ses enfans, et que son cœur paternel l'obligeait à leur donner du pain ; mais si le manque de courage ne lui a pas permis de recourir à la commisération publique que l'on implore presque toujours en vain, et que

le besoin lui ait fait soustraire un peu
du superflu de M. P., les juges ne devaient-ils pas considérer l'état dé-
plorable de ce malheureux et l'é-
goïsme de M. P.? ne devaient-ils pas
savoir que les lois des hommes se
taisent lorsque celles de la nature ont
parlé? en rendant, par un trait de
clémence, ce malheureux à sa famille,
ils n'auraient point exposé d'innocentes victimes à devenir un jour,
poussées par la misère et le ressenti-
ment, le fléau de la société, et ils
n'auraient pas donné à penser qu'ils
ont sacrifié cet infortuné à la haine
de l'opulent M. P.

~~~~~~~~~~~~~~~~~~~~~~~~~~~~~~

# LETTRE V.

―――――

Qu'il m'est doux, mon cher Adéodat, de convenir avec toi que si la clémence régnait, le genre humain serait plus heureux. Combien elle fermerait de plaies ? Que de cachots, que de chaînes deviendraient inutiles ? Que de larmes amères n'inonderaient plus d'horribles réduits ? Que d'enfans connaîtraient leur père ? Que d'épouses respecteraient le nœud conjugal ? Enfin que de vieillards se verraient caressés et soutenus au bord de leurs tombeaux par ce qu'ils ont de plus cher ?

Avec la clémence, l'on calme les
~~~~~~~~~~~~~~~~~~~~~~~~~~~~~~

passions, l'on donne de la sensibilité, et d'un être vicieux l'on en fait un être vertueux, en lui faisant sentir, dès sa première faute, l'influence de cet agréable sentiment ; au lieu que, sans clémence, l'on porte aux plus grands crimes, et l'on bannit tout espoir de retour sur soi-même.

# LETTRE VI.

Non, mon cher Adéodat, non, la crainte de rencontrer des ingrats ne doit point nous empêcher de courir au-devant de l'être qui a besoin. La générosité porte avec elle une récompense qui est bien au-dessus de tout ce que l'on pourrait attendre de la part de celui que l'on oblige. Un cœur, vraiment sensible, ne voit que le plaisir de soulager. Si l'idée de reconnaissance pouvait suspendre un seul instant le mouvement naturel qui nous porte à faire à autrui ce que nous voudrions qui nous fût fait, elle détruirait la grâce du bien fait et

nous avilirait à nos propres yeux;
parce que la réflexion nous prouve-
rait bientôt que nous imiterions les
usuriers qui profitent de la misère
publique pour augmenter leurs revenus. Tu sais combien cette ressemblance est indigne d'une belle âme ?

# LETTRE VII.

C'EST un faux raisonnement, mon cher Adéodat, qui te fait croire qu'il y a des situations dans la vie où l'être vraiment sensible ne peut pas donner des marques de sa générosité : car celui qui est privé des dons de l'aveugle fortune se trouve ordinairement doué de ceux de la raison; par conséquent, s'il ne peut offrir au malheureux quelques moyens pecuniaires, il peut au moins l'assister de ses conseils ou lui tendre une main secourable. Pour l'homme vertueux et souffrant, un regard, un seul soupir d'intérêt a plus de prix que tous les dons de l'orgueil.

Crains donc, mon ami, de détruire ton bon naturel en te familiarisant avec des persuasions trompeuses, et souviens-toi qu'il faut savoir s'oublier soi-même lorsqu'il s'agit d'obliger autrui !

———

# LETTRE VIII.

NE crains pas, mon cher Adéodat, que l'homme sage t'accuse de faiblesse parce que tu montreras beaucoup de douceur. Cette qualité n'a point d'excès. Elle est l'âme de toutes les vertus ; sans elle, c'est envain que l'on s'efforce d'être heureux ; elle seule peut corriger sans blesser ; avec elle, on se fait respecter des inférieurs et aimer des supérieurs ; elle désarme les personnes altières et vindicatives ; elle est absolue sans paraître avoir d'autorité ; les bêtes même les plus sauvages sentent sa puissance, et, avec plaisir, sont dociles à

sa voix. Garde-toi, mon bon ami, d'i-
miter les impérieux qui prétendent
que l'on peut avoir trop de douceur,
parce qu'ils ne sont pas susceptibles
de goûter ce délicieux sentiment, et
parce que leurs cœurs corrompus ne
peuvent se nourrir que d'aigreur et
d'amertume.

---

## LETTRE IX.

---

COMME tu l'as dit, mon cher Adéodat, il suffit d'étudier les mouvemens de l'âme pour savoir d'où provient tel ou tel sentiment. Par ce moyen, tu verras que la faiblesse et la lâcheté émanent de la cruauté. Si tu pouvais contester cette vérité d'après la conduite de l'impie *Adraste* (1) qui supplie son jeune vainqueur de lui laisser une vie qu'il a souillée par le carnage et la perfidie, ou par celle du tyran *Pygmalion* (2) qui sacrifie

---

(1) Voyez Télémaque, livre vingt.
(2) Voyez Télémaque, livre dix-huit.

ce qu'il a de plus cher, de plus respectable pour une malheureuse pros-
tituée dont il devient lui-même la
victime, je te citerais, non-seulement
mille autres exemples anciens, mais
encore je te dirais de jeter autour de
toi un regard attentif, et bientôt tu en
serais convaincu.

———

LETTRE

# LETTRE X.

MALGRÉ que je croie, comme toi, mon cher Adéodat, que la bile et l'âcreté du sang peuvent contribuer à nous rendre colère, je suis persuadé que ce vice tient de ce qu'il y a de plus odieux, de l'amour-propre et d'une fausse honte. Peut-être quelques autres causes encore se joignent-elles à celles-ci pour nous mettre dans un état de fureur qui nous oblige à ne plus respecter autrui et nous force même à agir contre nos intérêts. Mais puisque les principaux motifs nous sont connus, il me paraît facile, si nous ne pouvons nous en guérir, du moins

de les pallier, et c'est déjà beaucoup
de radoucir le mal lorsque l'on ne
peut en cicatriser la plaie. A cet effet,
gardons-nous des deux premiers, et
évitons les deux seconds par un sage
raisonnement et par la tempérance.

———

# LETTRE XI.

Lᴀ jalousie, qui, comme tu l'as fort bien rapporté, mon cher Adéodat, dénote une âme basse et un esprit borné, est un venin qui empoisonne les meilleures choses. Elle exerce un ravage sur la personne qui ne sait point se rendre justice ; son fiel vient de l'incapacité de pouvoir imiter les actions d'autrui ; par son influence, toutes idées sont suspendues, excepté celle d'une odieuse envie qui nous poursuit jusque dans les retranchemens de la raison. Il faut l'étouffer dès sa naissance ou, sans quoi, elle empiète sur toutes nos volontés ; elle nous fait perdre, aux yeux du sage, ce que la nature et l'instruction donnent d'agréable; et elle finit, après avoir fatigué nos amis, par nous rendre insupportables à nous-mêmes.

## LETTRE XII.

L'OPINIATRETÉ, mon cher Adéo-
dat, est ce que la sottise a de plus ré-
voltant. N'importe la manière dont tu
l'envisages, je veux, pour te plaire,
que l'on doive soutenir ce dont on
est sûr; mais cela ne dit pas qu'il faut
s'égarer de la modération. Espère-
t-on prouver et faire concevoir ce que
l'on ne démontre pas par des com-
paraisons simples et intelligibles ? Ou
plutôt veut-on faire entendre un sourd ?
Celui qui ne s'en rapporte point à
des expressions douces, sera bien
moins convaincu par une répétition
de paroles qui conduisent à l'empor-

tement et qui obligent, si, de part et
d'autre, la raison manque, d'en venir
aux injures et souvent aux voies de
fait. Je crois que l'homme d'honneur
doit-être exempt de ce vice, doit se
contenter d'exposer naïvement ce
qu'il avance et plaindre en secret
celui qui en douterait ou feindrait
dans douter.

~~~~~~~~~~~~~~~~~~~~~~~~~~~~,~~

# LETTRE XIII.

---

L'HUMANITÉ, mon cher Adéodat, est le plus noble des sentimens. Son influence nourrit agréablement toutes nos sensations et nous procure le bonheur de soulager le malheureux. Un être humain trouve sa félicité dans le bien qu'il fait ou qu'il veut faire. Par-tout il multiplie ses jouis- sances et laisse des traces de sa com- passion et de sa générosité. Sans cal- culer les erreurs d'autrui, il pardonne les plus grandes fautes. Ennemi de la sévérité, il plaint et n'accuse jamais. Toujours guidé par le désir d'obéir aux lois divines, il console et craint
~~~~~~~~~~~~~~~~~~~~~~~~~~~~

de blesser personne. On ne le voit point oisif ni abstrait. Occupé de tout ce qui existe, le riche, le pauvre ont également droit à ses soins qu'il étend jusque sur le vermisseau souffrant. Son regard sait pénétrer dans les lieux les plus secrets, et s'il en retire quelques victimes de la douleur, il se sent triompher.

LETTRE

## LETTRE XIV.

Oui, mon cher Adéodat, la folie est une des maladies incurables. Malheureusement beaucoup de gens, qui passent pour sages, en sont atteints. Sans courrir les champs, ils font bien du mal en soutenant des systêmes qui vrais seraient nuisibles, parce qu'ils renversent l'ordre de choses établies depuis des siècles. Par là, tu distingueras le fou de *Charenton* de celui qui souvent est qualifié d'esprit fort ou d'esprit sublime. Lorsque, comme toi, l'on craint de perdre la raison, l'on se renferme dans l'aimable simplicité, et l'on imite ceux qui préfèrent parler peu et parler juste, plutôt que de ressembler à ceux qui errent en cherchant à prouver ce qui non-seulement n'est point intelligible à tout le monde, mais qu'eux mêmes ne peuvent réellement concevoir. En se contentant de donner de la grâce à ses discours, l'on empêche que l'imagination ne s'étende trop vers un seul objet, et l'on prévient tout symptôme de folie.

# LETTRE XV.

Je sais, mon cher Adéodat, que l'amour est un tribut que peu d'êtres peuvent s'empêcher de payer à la nature. Mais il faut distinguer celui que le cœur sent d'avec celui qu'enfante l'imagination. Le premier naît du respect et de l'amitié, et il se soutient jusqu'au déclin de l'âge, semblable au feu que fait le bois de hêtre qui se consume peu à peu en jetant, d'une flamme claire, une chaleur qui échauffe doucement ; le second, au contraire, trop violent, pour être d'une longue durée, brûle avec âpreté et n'échauffe point, tel qu'après un

printemps pluvieux, l'on a vu la ca-
nicule détruire les fruits de la terre
au lieu de les mûrir. Pour se préserver de ce dernier, crains de t'abandonner aux premières impressions
que sentira ton cœur ; commence par
examiner si les qualités et l'humeur
de celle qui te les inspirera peuvent
sympathiser avec tes goûts ; n'oublie
jamais que du choix d'une épouse
dépend notre bonheur !

# LETTRE XVI.

———

NE te trompes pas, mon cher Adéodat, la haine est un plus lourd fardeau à supporter que tu ne penses.
Elle absorbe toutes nos pensées. Il
faut, pour haïr, tenir continuellement
son âme comme dans un étau. Car, si
l'on cesse de se rappeler le motif
qui porte à ce vice, l'aimable indul-
gence nous fait sentir sa puissance
en dissipant la bile qui seule peut
nous empêcher de pardonner et qui
nous prive de nous mettre au-dessus
des actions injustes.

Pour t'éviter cette contrainte qui

est indigne d'un grand cœur ; figures-
toi que toutes les personues qui cher-
cheront à t'offenser sont des voya-
geurs qui s'égarent ; tâches, par la
voix de la douceur, de les remettre
dans leurs routes, et pleins-les si elles
persistent à rester égarées !

# LETTRE XVII.

Sɪ bien des choses, mon cher Adéodat, passent pour imparfaites, c'est
que les désirs sont toujours suivis de
l'envie et de la jalousie. Parconséquent
il ne faut pas s'étonner si l'on trouve
du trop ou du trop peu dans chaque objet soumis à notre jugement.
L'homme vraiment raisonnable vois
au contraire plus de perfections,
que d'imperfections parce qu'il n'en-
visage que l'utilité, et alors ce qui paraît le plus défectueux est souvent le
plus parfait. Par exemple, regarde
le rocher sur lequel se trouve assis le
château que tu habites : y a-t-il rien
de plus irrégulier ? Cette enchaîne-

ment de grottes qui joignent leurs voûtes les unes aux autres, porte, depuis des siècles, des masses d'un poids incalculable. Certes, c'est avec raison que l'on frémit à l'hideux aspect que présente cette quantité de rochers qui semblent se détacher les uns des autres pour engloutir dans leurs chûtes les arbres et tout ce qui est à leurs pieds. Cependant cette irrégularité en fait la force et la beauté. Si cet exemple ne te suffit pas, regarde, avec un microscope, un tableau de *Raphaël* ou de *Corregio*, etc, et tu seras surpris de voir que l'inégalité se pert par l'éloignement ou par l'ensemble.

# LETTRE XVIII.

COMME toi, mon cher Adéodat, je conviens que la plupart des jeunes gens qui plaisent en société, parlent sans réflexion. Leur aisance, leur volubilité est moins un acquis qu'un don de la nature. Si les paroles qu'ils disent au hasard amusent, c'est que le rire qu'elles excitent ne vient que de la surprise, et tu sais que les choses les plus fades sont plus susceptibles à faire rire que ce qui est sensé. En t'appuyant de cette faible raison pour dire ce que tu nommes des gentillesses, tu ne penses pas que les jeunes gens dont tu parles, sont ou-

bliés dès l'instant qu'ils ont disparus.
Au lieu que ceux qui joignent la modestie à la gaîté savent allier l'u-
tile à l'agréable et font qu'absens ils
sont toujours présens.

———

~~~~~~~~~~~~~~~~~~~~~~~~~~~~~~~~~~~~~~~~~~~

# LETTRE XIX.

——————

Ton ami a raison, mon cher Adéodat, l'indiscrétion est une passion très-ingrate. Tu as dû t'appercevoir combien elle fait payer cher les caresses qu'elle procure. Si l'on recherche un indiscret c'est pour le fuir aussitôt que l'on en aura su ce qu'il importe de connaître. Outre cela, il est craint et méprisé. On l'accuse, avec raison, d'être le perturbateur de la société. Traité, avec justice, en fléau du genre humain, il devient importun à lui-même. Serait-il doué des plus belles qualités, il ne pourrait jouir paisiblement des charmes
~~~~~~~~~~~~~~~~~~~~~~~~~~~~~~~~~~~~~~~~~~~

de la vie? Il sent continuellement qu'un rien est utile à son bonheur, et il ne peut deviner que c'est l'art de se taire. Semblable au peintre qui voit qu'il manque quelque chose à son tableau pour le faire estimer, sans qu'il puisse découvrir qu'il a oublié de radoucir une des ombres.

---

# LETTRE XX.

L'HOMME instruit , mon cher Adéodat, saisit avec modestie l'occasion de prouver qu'il est érudit; mais il ne la cherche pas. Content de pouvoir, soit par ses réponses, soit par ses questions, faire briller ceux qui sont moins instruits que lui, il s'applique à étudier le caractère des personnes qu'il fréquentent pour les rendre satisfaites d'elles-mêmes, sans cependant les autoriser dans leurs défauts; il sait se faire estimer sans se faire craindre; toujours gai, sans affectation, il est l'ami et le consolateur de toutes les conditions et de tous les âges. Son nom , long-tems après qu'il a cessé de vivre, est encore cher aux enfans de ceux qui l'on connu.

# LETTRE XXI.

L'HYPOCRISIE et le pédantisme sont, mon cher Adéodat, les choses les plus faciles à connaître, et malheureusement les plus usitées. Tout les deux sont minutieux jusqu'à l'excès et ils affectent une autorité qui est impraticable. Ne se bornant point à l'utile, ils cherchent à persuader qu'ils approfondissent ce que leur ignorance ne leur permet pas de concevoir. De grands mots, beaucoup de phrases boursoufflées pour séduire le vulgaire, et jamais de discours soutenus en termes simples et expressifs, tels que s'en servent les gens érudits qui parlent dans l'intention d'instruire et non d'en imposer.

Quelquefois l'hypocrisie et le pédantisme feignent d'imiter telle ou telle personne dont la réputation est généralement estimée, mais bientôt ils s'égarent de ceux qu'ils citent pour leurs modèles.

———

LETTRE

# LETTRE XXII.

Qualifier l'avarice de vice bourru, c'est, mon cher Adéodat, lui donner un des attributs qui lui appartient ; car un avare est trop occupé du sordide intérêt pour s'abandonner aux charmes de la gaîté qui, cependant, est la santé de l'âme comme la tristesse en est le poison. Un avare ne goûte même pas le plaisir d'entasser trésor sur trésor, parce que la crainte l'accompagne par-tout. Il parcours d'un air sombre et égaré, les endroits les plus secrets ; son œil avide ne laisse rien échapper ; sa main crochue est toujours prête à

C*

serrer ; il ambitionne tout ce qu'il voit : le monde entier serait en sa puissance que l'agréable sourire ne viendrait point faire épanouir ses traits.

## LETTRE XXIII.

LA médisance, mon cher Adéodat, vient de l'amour-propre et de la jalousie. Un calomniateur emploit son esprit à dégrader celui qu'il ne peut égaler. Offusqué du bonheur d'autrui, il empoisonne les actions les plus innocentes ; tourmenté par le désir de prévaloir sur telle ou telle personne, il n'y a point de mensonges qu'il ne se plaise à répandre, et, comme les hommes qui devraient être à l'abri de la calomnie sont ordinairement ceux qui l'évitent le moins, il ne faut pas s'étonner si tant d'honnêtes gens sont mis en jeu par une foule d'être qui, par leur venin font le malheur, de la société.

## LETTRE XXIV.

Tu l'as fort bien dit, mon cher Adéodat, l'ennui est tout ce qu'une jeune femme doit craindre ; car c'est lui qui entraîne dans des démarches souvent très-innocentes et que les mœurs ne jugent pas telles. Pour le prévenir, il faut toujours avoir en vue quelque chose de louable et s'occuper soit de travaux utiles, soit de réflexions sages. L'oisiveté abat l'esprit ; le travail fortifie le corps,

éloigne toute idée de dissipation et
nous procure des jours de satisfac-
tions qui répandent un beaume agréable sur tout notre être.

## LETTRE XXV.

L'ESTIME, mon cher Adéodat, est
le plus flatteur de tous les sentimens.
Elle captive, et ne fait jamais d'ingrats;
les actions d'un grand cœur se mo-
tivent sur le désir de la posséder ; sans
elles, l'amour, l'amitié, etc., ne sont
que passagers ; si l'on en est privé,
l'on ne peut jouir d'aucun bonheur
réel ; car, à quoi te servirait une su-
perbe demeure, de magnifiques équi-
pages, un empire même, si l'on ne te
portait d'autre respect que celui de la
crainte? A rien, sans doute, qu'à te

rappeler que, si la fortune venait à t'être contraire, tu ne rencontrerais qu'inimitié.

## LETTRE XXVI.

JE conviens, mon cher Adéodat, que la prudence humaine ne peut rien contre les décrets de la Providence; mais la Providence la fait entrer pour beaucoup dans ses décrets : elle la suppose plus souvent qu'elle ne la contredit ou ne l'encourage. Nous devons la regarder comme une sage tutrice et craindre de faire un pas sans qu'elle nous accompagne. Sans être mère de toutes nos idées, elle coopère à leur naissance; elle en pèse la valeur, donne de l'éclat et de la force à la raison.

# LETTRE XXVII.

Tu as raison, mon cher Adéodat, la valeur est la seule vertu qui ne soit pas possible de contrefaire; l'on peut feindre toutes les autres. Il faut l'avouer, à la honte de notre sexe, la principale étude de l'homme est d'étouffer la voix de la nature pour se plier aux bassesses qui dégradent sa noblesse en détruisant son bonheur. Nous sommes souples où il faudrait être ferme, gais, lors qu'on doit être réservé. La cupidité ravale la société jusqu'au-dessous de la brute, il faut que les personnes vertueuses redoublent d'efforts pour la rappeler à son premier état. Puisse ton courage ne point s'effrayer de la grandeur de ce travail, et te remettre au nombre de ceux qui sacrifient leurs intérêts à celui de leur concitoyens.

~~~~~~~~~~~~~~~~~~~~~~~~~~~~~~~~~~~~~~~~~

## LETTRE XXVIII.

LA division, mon cher Adéodat, cause les plus grandsmaux. Notre religion en donne un exemple bien frappant. Combien il serait à souhaiter que les partisans de différentes opinions religieuses consentissent à relâcher un peu de leur opiniâtreté, ou à les défendre avec un peu moins d'animosité ? Les efforts que chacun fait pour exposer sa foi ou réfuter ce qu'il regarde comme absurde, ne servent qu'à obs-
~~~~~~~~~~~~~~~~~~~~~~~~~~~~~~~~~~~~~~~~~

curcir la vérité, qu'à rendre chance-
lante la foi de la plus grande partie des
peuples, et qu'à autoriser le pyrrho-
nisme de nos septiques, connu sous
le nom d'esprit torst.

# LETTRE XXIX.

L'ÉLOQUENCE mon cher Adéodat,
n'est estimable qu'autant qu'elle sert
la vérité : elle carresse le cœur lorsqu'elle nous montre nos devoirs. Celui qui l'emploie à nous faire aimer la
raison, se trouve plus puissant que
la raison même, s'il parvient à son
but : mais celui qui s'en sert pour soutenir des systêmes nuisibles aux
mœurs, ressemble au philosophe
qui, pour détruire les préjugés, dé-
racine

racine la vertu. Je conviens que la
raison a besoin de l'expérience, mais
l'expérience est inutile sans raison :
joins l'une à l'autre et tu n'auras qu'à
t'en applaudir.

## LETTRE XXX.

Le mépris, mon cher Adéodat, est
un sentiment indigne de l'homme
vertueux ; il faut pour le sentir n'être
susceptible d'aucune générosité. L'on
doit plaindre l'être coupable, oublier
son crime et respecter en lui l'humanité. Il n'appartient qu'à un cœur en-
durci ou corrompu de fuir un misé_
rable pour ne point le secourir. Le
mépris porte au mal au lieu de le
corriger. Retrace-toi les faiblesses

auxquelles nous sommes sujets, lorsqu'il s'agira de refuser ton estime à
quelqu'un. Si ton ame ne te parle pas
en faveur de l'accusé, crains de le
lui faire appercevoir : car, non-seulement il faut se garder d'humilier,
mais encore il faut chercher à gagner
la confiance de celui qui s'égare,
pour le ramener dans la voie de la
vertu.

# LETTRE XXXI.

LE jeu, mon cher Adéodat, est l'enfant du désœuvrement ; il caresse la
dissipation, enfante le vice, porte à
la fureur, détruit la santé, et, par
degré, conduit au désespoir ; il faut
craindre jusqu'à celui que la société

adopte pour tenir lieu de conversation utile et agréable. C'est à tort
que l'on dit qu'il faut, pour se dis-
traire, savoir faire sa partie de *rever-
si*, de *piquet*, etc. Le tems, passé à
manier des cartes ou des *dez*, est non-
seulement perdu, mais encore il peut
nous préparer des regrets sans nombre. Tu avoueras qu'il est honteux de
voir des hommes qui ont reçu de l'é-
ducation se rassembler pour s'occuper de choses frivoles et nuisibles,
tandis que la vie se trouve trop courte
pour apprendre ce qui est bon à savoir.

Je suis fâché, mon jeune ami, que
ton départ me prive de t'adresser di-
rectement mes observations. Je sais
que la bonne Philose se chargera du
soin de te les transmettre ; cela me
dédommage un peu du plaisir que
j'éprouvais à t'écrire.

## FIN.

## ERRATA.

Page 59, ligne 14, Pierre Ancise; *lisez :* Pierre Anchise.

Page 66, ligne 4, pris; *lisez :* prisse.

*Idem* ligne 10, à St. Heleine; *lisez :* à St. Hélène.

Page 79, ligne 11, futailes; *lisez :* futais.

Page 90, ligne 5, son père; *lisez :* son beau-père.

www.ingramcontent.com/pod-product-compliance
Lightning Source LLC
LaVergne TN
LVHW020651200726
843508LV00002B/721